PROJET

DE

SUPPLIQUE AU ROI.

NICOLAS THIESSÉ,

ANCIEN MEMBRE DU TRIBUNAT,

A SA MAJESTÉ LOUIS-PHILIPPE IER,

ROI DES FRANÇAIS.

ROUEN,

IMPRIMERIE DE NICÉTAS PERIAUX LE JEUNE,

RUE DE LA VICOMTÉ, N° 55.

1830.

NOTES PRÉLIMINAIRES.

———

Ce projet contient l'énumération des services
que je crois avoir rendus à mon pays, et qui,
selon moi, ne doivent pas rester sans récom-
pense.

Je ne le fais imprimer que pour en faciliter
la lecture à ceux qui ont pour moi quelque
bienveillance.

Je prie les vieux contemporains qui furent
témoins de ma carrière publique de juger par
leurs souvenirs si j'ai fait quelque erreur, si j'ai
mis quelque exagération dans les faits que j'ex-
pose.

I.

Je prie ceux qui voudront me donner de nouvelles preuves de l'intérêt qu'ils me portent, de m'aider de leurs conseils avant la rédaction définitive de ma *Supplique au Roi*, qui sera manuscrite. J'en ai d'autant plus besoin, que je crains de ne m'être pas assez mis en garde contre un sentiment pénible qui me préoccupait en rédigeant ce projet : il m'importe, autant que la susceptibilité peut me le permettre, de ne pas me laisser entraîner au-delà des bornes des convenances, et je prie mes vrais amis de m'y faire rentrer s'ils pensent que je m'en sois écarté.

C'est à eux, c'est à ceux qui m'ont donné des preuves de l'intérêt qu'ils me portent, que j'adresserai ce projet, car on pense bien que je me garderai de le publier; dupe comme je crois l'être de mon dévoûment, plus d'un lecteur s'en ferait facilement, je crois, un sujet de moquerie, surtout sous le ministère de M. Dupont de l'Eure.

Sans doute l'exposition que je vais faire sera longue; mais, réduit comme je le suis à la nécessité de faire l'énumération de mes services, elle serait incomplète si je la mutilais. Elle le serait même, si j'omettais les causes morales qui, dans tous les temps, me dirigèrent.

Je joindrai à ma requête au Roi mes travaux législatifs imprimés ; on y pourra voir s'il y a une seule idée, un seul mot qui ne soit d'un ami de son pays ; on y verra, de plus, si c'est dans un but véritablement utile qu'ils ont été faits.

On dit que M. Thil s'est fait mon *honorable adversaire* ; si cela est, il me dira peut-être pourquoi ; mais, soit qu'il parle, soit qu'il se taise, je me permettrai, sous le rapport de l'utilité publique, de comparer à l'occasion ses services aux miens.

J'avoue que la révolution dernière ne me fait rien perdre, puisque M. de Peyronnet ne m'aurait pas mieux traité que je ne le suis ; mais, au moins, on conviendra que M. de Peyronnet, qui devait me traiter en ennemi, traitait les siens autrement.

PROJET

DE

SUPPLIQUE AU ROI,

EN SON CONSEIL.

———❖———

Sire.

J'ai demandé à Son Excellence M. le garde-
des-sceaux, ministre secrétaire d'état au département de la Justice, une place de conseiller à
la cour royale de Rouen, et alors il y en avait
deux de vacantes; mais Son Excellence a cru
devoir disposer de l'une en faveur de M. Selot,
vice-prés:dent du tribunal civil de la même
ville, et donner l'autre à M. Fercoq, bâtonnier
de l'ordre des avocats.

Ce double choix, Sire, honore à la fois les
élus qui en sont dignes, et le ministre qui at-
tache ainsi à Votre Majesté deux magistrats
d'une probité sévère, de mœurs pures, et qui
joignent à la connaissance des lois les principes

généreux qui, dans les états libres, font les vrais citoyens.

Mais, en me plaçant au milieu de ces deux concurrents, j'avais cru, Sire, qu'indépendamment des qualités qui les recommandent et que je partage avec eux, j'avais des titres d'un plus haut intérêt, et que, n'y eût-il eu que celui de l'ancienneté, la préférence m'était due, au moins dans l'ordre des dates.

Mais c'était en cela surtout que je m'abusais, car on m'apprit bientôt que la France, qui se renouvelle, a plus besoin de ses nouveaux enfants que de ceux qui purent autrefois lui être de quelque utilité; et que, par conséquent, les exclusions dont se plaignent les vieux serviteurs, loin d'être maintenant des actes d'injustice, sont au contraire des actes de salut commandés par la nécessité.

Je me résigne donc, Sire, et je passe condamnation sur mon invalidité, puisque Son Excellence en a ainsi décidé; mais, de ce qu'elle pense que je sois réformable pour l'avenir, il ne s'ensuit pas que mes services passés le soient aussi.

Les lois ont promis d'honorables retraites ou des récompenses suffisantes à ceux qui, par leur dévoûment ou par l'utilité de leurs travaux, ont bien servi leur pays. Or, si, comme je le crois, je suis un de ces serviteurs utiles, un de ces citoyens dévoués, je réclame, Sire, de la bienveillance, de la justice de Votre Majesté l'application de ces lois, et je la supplie, par conséquent, de me permettre de lui exposer les faits sur lesquels ma *Supplique* se fonde.

Quand, en 1789, on put espérer que les lois ne seraient plus les volontés du bon plaisir, je me précipitai dans cet avenir avec la ferveur de mon âge et la franchise de mes penchants; le célèbre et malheureux Thouret me servit de guide, et je me séparai avec lui des dissidents de notre ordre qui ne tenaient au régime existant alors que pour les produits qu'ils en retiraient. Bientôt après, la ville de Rouen m'appela au nombre des membres de son conseil, où je fus successivement notable, puis officier municipal; et, pendant cette époque, je ne citerai qu'un fait que je place encore au nombre de mes plus consolants souvenirs. Une sédition furieuse et flagrante depuis deux jours, menaçait la ville, lorsque je fus assez heureux pour ouvrir un avis qui la sauva : que les chefs du mouvement, dis-je, se députent auprès du gouvernement, aux frais de la commune, pour y obtenir ce qu'ils appellent justice, et justice leur sera faite; je les haranguai donc en ce sens, et ils se députèrent en effet, c'est-à-dire qu'ils se séparèrent des masses insurgées qu'ils dirigeaient, et dès le soir même elles étaient rentrées en détail dans leurs foyers *.

Des temps généralement plus graves une fois arrivés, je fus déclaré suspect, puis détenu, puis mis en liberté avec les plus honorables notabilités de notre ville, à la suite de la catastrophe du 9 thermidor. Je ne savais si je me trompais alors, mais, au milieu des exagérations, des excès, des atrocités des proscripteurs de l'époque, je crus reconnaître la main de l'étranger, car, intéressé comme il l'était à la destruction de nos libertés, et par conséquent à celle de nos futures prospérités, il dut lui paraître facile d'ajouter aux irritations qu'il avait excitées par son invasion, des irritations factices et soudoyées plus effrayantes encore.

Rendu à ma femme et à mes enfants, dont le dernier venait de naître **, je me croyais aussi rendu à moi-même; mais un représentant du

* Il s'agissait de la taxation du prix du pain, taxation qui, depuis lors, a cessé d'être un des embarras de l'administration municipale.

** Léon Thiessé, aujourd'hui sous-préfet à Brest, et qui jusqu'à présent s'est assez dévoué aux intérêts de son pays pour mériter d'être proscrit par le ministère du 8 août; il est un des quarante-cinq contre lesquels le juge d'instruction Gaillard a décerné, le 25 juillet, des mandats d'amener pour les livrer à la justice expéditive des prévôts de Sa Grandeur Monseigneur le comte de Peyronnet.

peuple, qui crut sans doute que j'avais été assez long-temps oisif pendant mes neuf mois de détention, me nomma, sans me consulter, procureur-syndic près de l'administration du district de Rouen; je lui représentai que j'avais besoin en ce moment de mon libre arbitre, pour quelque temps du moins, et je le remerciai aussi décemment que je le pus; mais, par un reste d'habitude qui tenait sans doute au régime du temps, il me dit que si je n'acceptais pas, je retournerais à la maison que je venais de quitter; je le remerciai de nouveau, et je lui dis : « Remenez-moi donc aux carrières, car je n'accepte pas * ; j'opte pour une nouvelle détention. » Le représentant, qui n'avait peut-être voulu se donner qu'un petit accès de gaîté proconsulaire, se civilisa, et ses paroles, d'absolues qu'elles étaient, devinrent transactionnelles, en sorte que nous nous quittâmes dans des termes plus engageants de sa part qu'ils n'étaient reconnaissants de la mienne, et, après quelques pourparlers, j'acceptai.

Me voilà donc procureur-syndic; mais, indépendamment des embarras que la disette des subsistances me causa, la réaction thermidorienne suscita dans la ville une sédition dans la-

---

* Ce représentant s'appelait Sautereau; il avait fait des vers pour l'*Almanach des Muses.*

quelle je faillis perdre la vie : la jeunesse alors était une puissance qui s'était créée de son propre mouvement, et, en vertu des pouvoirs qu'elle s'était donnés, elle menaçait de juger les prisonniers qu'elle avait faits dans la révolte qu'elle-même avait préparée; j'eus le hasard, pourtant, de n'être pas de ces prisonniers-là, et le lendemain je continuai mes fonctions.

Ce péril passé, on crut que mon dévoûment n'en serait pas altéré, et on me proposa, soit la place de procureur-général syndic du département de la Seine-Inférieure, soit celle d'accusateur public, et j'optai pour celle-ci; plus familiarisé avec les matières judiciaires qu'avec celles de la grande administration, je crus que j'y remplirais mieux les fonctions qu'on me destinait.

Mais à peine étais-je installé au tribunal criminel, que je vis par ma correspondance l'état affreux de toutes les parties de notre département; elle me révélait, chaque matin, les crimes de chaque nuit, et ils étaient épouvantables : là, des vieillards torturés se rachetaient des souffrances de nouvelles tortures par la révélation du lieu où leur petit pécule était caché; plus loin, l'incendie éclairait de ses sinistres lueurs les pas des brigands qui se retiraient chargés de butin; partout des familles en éveil se relayaient pour faire sentinelle autour de leur demeure, et n'évitaient pas toujours ainsi l'attaque que le brigandage avait prémédité contr'eux *.

D'où venaient donc tant de maux? Ils venaient, comme je le sus bientôt, d'une organisation infernale qui s'était partagé, par cantonnements, le territoire du département tout entier. Quatre bandes avaient chacune à leur tête un capitaine ou chef, dont Duramé, le plus fameux, a laissé un nom si horriblement célèbre, que maintenant encore, dans le pays, on ne le prononce qu'avec effroi.

Je pensai donc que, dans une telle calamité, l'administration municipale de Rouen viendrait à mon secours; je l'en priai, et je dois dire qu'elle me seconda de tout son pouvoir **. Je connus donc les repaires habités par nos brigands; bientôt j'en restreignis notablement le nombre ***, et les prisons s'en emplirent; un

---

* Si je disais par quels moyens leurs expéditions étaient préparées, on ne trouverait pas étonnant que les victimes qu'ils avaient marquées ne pussent éviter leurs atteintes, quelques précautions qu'elles prissent.

** Le département dut alors à cette municipalité les services les plus signalés, et l'ingratitude seule aurait pu les lui faire oublier.

*** J'en atteignis dix-neuf dans un seul jour, à la même heure, et sur une étendue de plus de vingt lieues; tous, depuis le Havre jusqu'à Darnétal, furent pris et trouvés saisis de pièces de conviction.

juge-de-paix plein de zèle * se chargea de l'immense instruction qu'il fallait faire, et en lia toutes les parties par la centralisation qui fut concentrée dans sa main.

Alors, j'avais abandonné presque ma propre maison pour le palais, où mon lit fut porté : j'y travaillai le jour ; j'y couchai la plupart des nuits ; et les accusations que je portai successiment devant les jurés furent telles, que souvent vingt à trente accusés assis sur les bancs y répondaient sur trente à quarante crimes qui leur étaient communs.

De telles fonctions étaient accablantes sans doute, et plus d'une fois je dis que j'y succomberais si je n'étais aidé au parquet par un secrétaire, et à l'audience par un substitut ; je les réclamai ; on me les fit espérer, et en attendant, quelque fût l'affaiblissement de ma santé, l'idée que mon dévoûment n'était pas sans utilité me soutint. Les encouragements que mes concitoyens me donnaient me soutinrent davantage, tant que mes efforts furent dirigées contre l'ennemi commun, contre le brigandage, qui, seul contre tous, n'a d'amis ni d'alliés que parmi ses complices.

Mais il n'en fut pas de même des poursuites

* M. Allan.

provoquées par des excès politiques ; placé, comme je l'étais, entre les méfaits des agents de la terreur et les vengeances de la réaction thermidorienne , les passions contraires se soulevaient avec furie contre la vindicte de mon ministère; je ne les attaquai pas moins pourtant, et la justice du jury, quoique tourmentée alors par des cris opposés, fit modérément ce que le repos de nos concitoyens exigeait ; elle qualifia comme elles devaient l'être les actions que je lui avais déférées, et ces exemples, que j'eus soin de ne pas multiplier, suffirent pour comprimer au milieu de nous des effervescences qui, impunies, mènent presque toujours à la guerre civile.

Ici donc ce ne pouvait pas être aux applaudissements de tous que je faisais encore quelque bien ; les hommes sages seulement appréciaient ce nouveau genre de dévoûment, et ne m'en dissimulaient pas le mérite; mais le reste, trop animé pour ne pas applaudir sans réserve à ses propres excès, fit alors ce que les passions feront toujours faire : il rongea le frein qui le retenait, et, après quarante ans passés, il n'est pas impossible qu'il s'indigne encore contre des poursuites qui alors le sauvèrent malgré lui des dangers de sa propre furie.

Enfin, exténué par tant et de si pénibles tra-

vaux, mes forces m'abandonnèrent, et j'y suc-
combai; une maladie aiguë me conduisit aux
portes du tombeau, et je sentis, après ma convalescence, qu'il me serait presque impossible
de les reprendre si un secrétaire au parquet et
un substitut à l'audience ne m'étaient accordés
pour me secourir; je le déclarai donc de nouveau, et, à défaut, je donnai réitérativement ma
démission.

Le tribunal criminel, témoin de mes efforts
impuissants, crut devoir alors réunir sa voix à
la mienne; l'administration municipale crut
aussi qu'elle devait s'y adjoindre, et, en conséquence, une correspondance fut liée à cet effet
entr'eux et plusieurs ministres, comme elle le
fut aussi avec moi.

Votre Majesté, Sire, verra par cette correspondance si je méritai alors la bienveillance de
mes concitoyens, si je méritai celle de nos au-
torités publiques, et si mes pénibles travaux eurent le mérite d'être de quelque utilité. J'avoue
qu'à raison des éloges flatteurs pour moi
qu'on y trouvera, il me faut du courage pour
la publier; mais la position dans laquelle
on me place ne me permet plus de la laisser
ignorée.

« Rouen, ce 11 floréal an IV.

« *L'Administration municipale du canton de Rouen,*

« *Au citoyen* THIESSÉ, *accusateur public près le Tribunal criminel du département de la Seine-Inférieure, à Rouen.*

« CITOYEN,

« Nous apprenons que vous êtes dans l'intention de donner votre démission de la fonction importante que vous exercez : nous considérerions cette démission comme une calamité publique. Continuez, Citoyen, à coopérer avec nous au maintien de la tranquillité; vous avez dans vos mains l'existence de mille citoyens.

« Etant chargé du glaive qui doit frapper les coupables, consentez à continuer encore vos utiles travaux, et que nous savons être si pénibles. Nous ne doutons pas que le gouvernement, bien instruit de leur immensité, ne vous accorde enfin des coopérateurs qui vous sont nécessaires.

« *Les membres de l'Administration municipale :* Louis Lezurier, président; Caudron, Beauvais, Le Lièvre, Ferdinand Monnier, Marinier, Adam, Félix Ribard. »

*Copie des lettres adressées distinctement aux mi-
nistres de la* Justice, *de la* Police *et de l'Intérieur, par le* Tribunal criminel *du département de la Seine-Inférieure.*

« L'excès du travail de l'accusateur public auprès de ce Tribunal a affecté sa santé, quoique
robuste et vigoureuse ; sa surveillance toujours
active ne peut suffire à remplir les parties qui
lui sont confiées, tant dans le département que
vous administrez que dans celui de la Police
générale et dans celui de l'Intérieur, à cause des
délits effrayants qui se commettent dans les bois
et les forêts.

« L'insuffisance de ses forces l'a déterminé à
offrir sa démission.

« Le Tribunal, qui connaît le mérite, le zèle
et la capacité de ce sujet, réclame sa conserva-
tion, étant parfaitement pénétré de cette vérité
qu'il n'est pas possible d'en trouver un qui l'é-
gale.

« Le moyen de conserver ce sujet serait de
lui donner un substitut, un secrétaire du parquet et un commis expéditionnaire : par ce secours, l'accusateur public remplirait toutes les
fonctions qu'exigent l'intérêt de la justice criminelle, la surveillance sur la police générale
et la répression des dégats qui se commettent
dans les bois et forêts.

« C'est dans l'espoir d'obtenir ces avantages pour l'ordre dans toutes ses parties, que le Tribunal s'adresse à vous, Citoyen Ministre, et qu'il réclame des ministres de l'Intérieur et de la Police générale, une réunion qui porte les législateurs à ordonner la nomination d'un substitut de l'accusateur public, d'un secrétaire et d'un expéditionnaire, que l'étendue et la population de ce département rendent indispensable. »

Signée de tous les membres composant le Tribunal, et certifiée conforme par le citoyen Le Febvre, président par intérim.

« Paris, le 14 floréal an IV.

« *Le Ministre de la Justice,*

« *Au citoyen* Thiessé, *accusateur public près le Tribunal criminel du département de la Seine-Inférieure.*

« Ce n'est qu'avec peine, Citoyen, que je vous verrais quitter le poste où vous a placé la confiance de vos concitoyens, et où vous justifiez si bien leur choix *.

* J'avais été nommé, ou plutôt maintenu, dans les fonctions d'accusateur public, presqu'à l'unanimité, le 25

« Je conçois que vos nombreux travaux ont pu altérer votre santé ; mais la retraite peut-elle être le prix de votre généreux dévoûment ? Encore quelques sacrifices à la chose publique. Quand on a déjà bien mérité de la patrie, on ne doit pas renoncer sitôt au plaisir de la servir. Votre activité, vos talents lui sont précieux ; et je vous invite à retirer une démission qui ne causerait de joie qu'aux ennemis de l'ordre.

« *Signé* MERLIN. »

« 16 floréal an IV.

« *Le Président par interim du Tribunal criminel de Rouen,*

« *Au citoyen* THIESSÉ, *accusateur public.*

« Le dérangement de votre santé, Citoyen, et la résolution que vous avez prise de vous démettre de vos fonctions, affectent vivement le Tribunal auprès duquel vous êtes appelé ; il n'ignore pas que l'excès du travail auquel votre zèle vous a livré, a causé l'affaiblissement de votre santé, *malgré les soins qu'il s'est donné de*

germinal an IV, par l'assemblée électorale du département, que j'avais l'honneur de présider.

vous secourir et de vous avertir du danger que vous couriez * ; il désire que ses inquiétudes cessent par le prompt retour de votre santé **, et que les ministres vous donnent des aides qui diminuent le fardeau que votre place vous impose. C'est dans cette vue que le Tribunal sollicite auprès des ministres le rejet de votre démission et la nomination d'un substitut, d'un secrétaire du parquet et d'un commis expéditionnaire.

« *Signé* LE FEBVRE,

« *Président par intérim.* »

« Paris, le 4 prairial an IV.

« *Le Ministre de la Justice,*

« *Au Tribunal criminel du département de la Seine-Inférieure.*

« Le Ministre de l'Intérieur me fait passer, Citoyens, la demande que vous lui avez adressée, d'un substitut, d'un commis de parquet et d'un commis expéditionnaire pour l'accusateur public près de votre Tribunal, qui se trouve,

---

* J'avais été obligé alors de me faire remplacer souvent.

** Ma maladie, en ce moment, était déclarée : elle fut longue, et me conduisit aux portes du tombeau.

dites-vous, dans l'impossibilité de faire face aux travaux qui l'accablent. Je ne verrais qu'avec une peine infinie, et je m'en suis expliqué tant de vive voix que par écrit, un fonctionnaire aussi distingué abandonner un poste dans lequel il rend, chaque jour, de nouveaux services à la patrie ; mais la loi s'oppose à ce qu'on lui procure l'allégement que vous sollicitez pour lui. Pour changer la loi en sa faveur, il faudrait la changer en faveur de beaucoup d'autres ; ce que le corps législatif n'est pas disposé à faire dans les circonstances actuelles.

« *Signé* MERLIN.

« *Certifié conforme à l'original,*

« *Signé* LE FEBVRE,

« *Président par intérim.* »

« 8 Prairial an IV.

« *Le Président par intérim du Tribunal criminel du département de la Seine-Inférieure,*

« *Au citoyen* THIESSÉ, *accusateur public près le même Tribunal.*

« Citoyen,

« Le tribunal vient d'arrêter que copie de la

lettre du ministre de la Justice, du 4 de ce mois, vous serait par moi transmise. Je m'acquitte de cette commission avec d'autant plus de plaisir, que cette lettre est un témoignage rendu à vos talents; il n'est altéré que par la crainte que votre santé ne nous prive d'un fonctionnaire très important au bien du service.

« *Signé* LE FEBVRE. »

« Le 17 prairial an IV.

« *Le Ministre de la Justice,*

« *Aux citoyens composant le Tribunal criminel du département de la Seine-Inférieure, à Rouen.*

« J'ai reçu, Citoyens, la lettre par laquelle vous exposez que l'accusateur public près le Tribunal criminel du département de la Seine-Inférieure, ne pouvant suffire à l'étendue du travail attaché à ses fonctions, se voit forcé d'offrir sa démission, et qu'il importerait à la chose publique de conserver ce sujet, mais que le seul moyen d'y parvenir serait de lui adjoindre des collaborateurs.

« La commune de Rouen étant une des plus populeuses de la république, je ne doute point que les fonctions de cet accusateur public ne doivent être pénibles, et qu'il ne puisse être dans le cas d'une exception à la règle générale.

« Je me propose de faire, au directoire exécutif, un rapport sur la nécessité d'établir un substitut de l'accusateur public, ainsi qu'un secrétaire du parquet auprès de quelques tribunaux surchargés de travail, et je ne manquerai pas d'y faire mention de celui de Rouen; mais jusqu'à la décision à intervenir sur cette matière, je ne puis prendre de détermination ultérieure sur l'objet de votre demande.

« *Signé* MERLIN.

« *Pour copie certifiée conforme,*

« *Signé* LE FEBVRE,

« *Vice-président.* »

« Le 27 messidor an IV.

« *L'Administration municipale du canton de Rouen,*

« *Au Ministre de la Justice.*

« Citoyens,

« Nous excéderons un instant les attributions de nos fonctions, mais nous le ferons pour l'intérêt de l'ordre et de la justice. Le Tribunal criminel a près de lui un accusateur public, peut-être unique par son talent et son zèle à la poursuite des scélérats qui attaquent la république dans les individus et les propriétés ; il sort à peine des bords de la tombe *, où l'avait conduit un travail opiniâtre qui lui permettait à peine de dormir dans son cabinet, *où il était souvent plusieurs jours sans sortir, et où il donnait quelques heures au sommeil sur un lit de repos ;* il demande, pour le seconder, un substitut, un secrétaire du parquet et un commis expéditionnaire. Sans ces collaborateurs, il va se voir obligé de renoncer à des fonctions qu'il exerce avec un succès auquel nous devons la tranquillité qui règne dans notre département.

« Nous vous prions d'adhérer à sa demande. Ce que ne fait pas cet homme laborieux, nul ne le pourra faire, et une légère économie livrera ce pays-ci à un brigandage qu'encouragera l'impunité. »

Suivent les signatures.

---

* La dernière crise de ma maladie était passée, et après quarante jours de danger, je venais d'entrer en convalescence.

« 28 Messidor an IV.

« *Le Président de l'Administration municipale
du canton de Rouen,*

« *Au citoyen* THIESSÉ, *accusateur public.*

« Citoyen,

« Je vous envoie la copie de la lettre qui a été
écrite par l'Administration au ministre de la
Justice, lettre qui aurait dû être écrite plutôt, si
un événement fort triste qui a altéré ma santé,
ne m'eût retenu pendant quelque temps éloigné
des affaires; nous désirons qu'elle produise quelque effet sur l'esprit du ministre, et qu'une
économie trop sévère ne prive pas la chose publique d'un de ses meilleurs serviteurs.

« Salut et estime.

« *Signé* Louis LEZURIER, président. »

« Paris, le 11 fructidor an IV.

« *Le Ministre de la Justice,*

« *A l'Accusateur public près le Tribunal criminel,
à Rouen.*

« Vous paraissez, Citoyen, persévérer dans
la résolution de vous démettre de la place que
vous remplissez près le tribunal criminel du dé-

partement de la Seine-Inférieure ; je sens toutes les difficultés de votre situation, et combien sont fondés les motifs qui vous déterminent ; mais vous avez déjà fait tant de sacrifices à la chose publique ! un dernier effort vous serait-il impossible ? Vous coûterait-il encore, au moment où vous pouvez espérer d'en recueillir bientôt les fruits ? Le sort des fonctionnoires publics fixe, en cet instant, toute l'attention du corps législatif ; des changements très prochains se préparent, et vous devez penser qu'il sent vivement le besoin d'améliorer leur condition. Il est un objet de demande auquel vous semblez tenir particulièrement, et je conçois que, dans l'état d'épuisement où vous êtes, il est nécessaire que vos travaux soient partagés. Je ne négligerai rien, de mon côté, pour préparer, à cet égard, le succès de votre demande ; mais je vous invite à attendre avec courage une détermination qui ne peut pas être éloignée. La patrie réclame encore de vous cette preuve de zèle et de courage, et j'espère que ce ne sera pas en vain.

« Salut et fraternité.

« *Signé* MERLIN. »

Ici, je fus subjugué encore par des promesses aussi expansives, et, au moyen d'un commis que la municipalité me donna provisoirement, et à ses frais, je restai enchaîné aux travaux qui, tout à l'heure, avaient failli me faire périr *; mais le besoin de secours ne cessant pas d'être flagrant, mes réclamations ne cessèrent pas non plus de se faire entendre, et ce ne fut qu'un an après que je reçus la dernière lettre que le ministre m'écrivit, et que voici :

« Paris, le 15 ventôse an VI.

« *Le Ministre de la Justice,*

« *A l'Accusateur public du département de la Seine-Inférieure, à Rouen.*

« Le directoire exécutif, Citoyen, vient de me renvoyer la lettre où vous réclamez des collaborateurs pour imprimer aux travaux dont

---

* Ce fut à ce dernier période de mes travaux judiciaires qu'une cinquième bande, non moins considérable que les quatre premières, qui se trouvaient presque détruites, apparut au confluent de la Seine; elle venait d'Angers, et aborda au Havre. L'état moins hostile de la Vendée, alors, nous la revomissait. Quelques-uns des brigands qui la composaient avaient déjà été condamnés à mort, et même plusieurs fois; ce qui peut faire juger du dégré de leur férocité. M. Perrin, aujourd'hui conseiller à la Cour royale, faisait alors, au Havre, les fonctions de directeur du jury, et il prit avec célérité toutes les mesures qu'exigeaient les circonstances; il me les communiqua, et me donna ainsi les moyens de suivre de l'œil la horde assassine, qui fut saisie

vous êtes chargé toute l'activité qu'ils comportent. Vous devez être persuadé qu'un des premiers objets de ma sollicitude sera d'appeler l'attention du Corps législatif sur les moyens d'accélérer la marche de la justice, surtout en ce qui concerne la répression des délits. Il lui a été déjà présenté divers messages à ce sujet, et je me propose d'inviter le directoire exécutif à provoquer incessamment la détermination dont ils sont susceptibles.

« Salut et fraternité.

« *Signé* LAMBRECHTS. »

Ces collaborateurs ne vinrent pas encore, et, le 23 germinal suivant, je fus nommé député au conseil des Cinq-Cents, à la majorité de deux cent douze voix sur deux cent quatre-vingt-deux votants.

Tels furent, Sire, les travaux qui remplirent le cours de ma carrière judiciaire, et je demande à Votre Majesté la permission de lui exposer maintenant ceux qui appartiennent à ma carrière législative.

Lorsque je fus nommé député, la catastrophe du 18 fructidor était récente; elle avait rompu,

au moment où elle allait commettre, près de Neufchâtel, le premier de ses nouveaux crimes. Ainsi se trouva préservée de meurtres et d'incendie une contrée si imminemment menacée par cette effrayante apparition.

selon moi, le cours d'une manœuvre électorale qui, sous la direction du général Pichegru, devait détruire la constitution par des formes constitutionnelles *.

Mais la manœuvre de l'an v pouvait, malgré son dénouement de fructidor, se reproduire en l'an vi, et on crut qu'on y remédierait en lui opposant des scissions, mais ce remède produisit un mal presque égal à celui qu'on voulait éviter; l'irritation, qu'on appelait de l'énergie, se fit élire en plus d'un lieu, et sa masse parut ensuite assez redoutable pour faire craindre des excès tels qu'une loi plus hardie que régulière fut provoquée, par le directoire, pour les tempérer **.

Or, de ce moment je ne me dissimulai pas que les irritations premières s'accroîtraient par cette résistance, et que désormais une lutte animée s'établirait contre le directoire, en haine des directeurs, aux risques de tout ce qui pourrait en advenir.

* Un plan d'association occulte et d'un effet sûr donnait au prétendant la faculté de nommer seul, en France, les électeurs, les députés et beaucoup de fonctionnaires publics; aussi fut-il ponctuellement exécuté par une majorité compacte et toujours la même, qui introduisit ainsi dans les conseils un tiers à peu près de députés choisis par la contre-révolution.

** Loi du 22 floréal an vi.

J'avoue que de ce moment ma résolution fut prise, et que de tous les maux l'anarchie me paraissant le pire, je m'attachai au pouvoir gouvernant, qui seul pouvait nous en préserver; les souvenirs de 93 m'apparurent alors avec toutes leurs horreurs, et je promis bien de combattre de tout mon pouvoir pour ne pas laisser passer le gouvernement dans les chambres.

Quelque temps se passa pourtant sans que les attaques fussent vives, parce que la loi du 22 floréal, si dangereuse à imiter, avait cependant produit quelques effets absorbants; mais, quand les élections de l'an VII vinrent ajouter à la phalange redoutée des auxiliaires non moins redoutables, ils marchèrent au pas de charge contre les directeurs, qui, d'ailleurs, étaient alors assez peu populaires.

Un manifeste, sous le titre de proclamation au peuple français, fut donc lancé contre eux *; puis, en peu de jours, on détruisit sa composition pièce à pièce. Le premier qu'on annula, sous un prétexte quelconque, fut le citoyen Treilhard **. Le lendemain, on arracha par la terreur la démission de deux autres ***; puis,

---

* Proclamation du 18 prairial an VII.

** Acte du 29 prairial.

*** Merlin et La Réveillère Lepaux.

Un des moyens de terreur que les combattants employèrent contre le directeur Merlin fut de proposer de l'amener

on se fit des directeurs qui défirent à leur tour et refirent des ministres ; puis on décréta cet emprunt forcé de 100 millions , imposable arbitrairement et progressivement sur ceux qu'on désignerait * ; puis cette loi sur les otages , qui constituait la France en état de guerre civile , et qui ressuscita la Vendée ** ; puis cette autre qui mit les étrangers en surveillance *** , et qui fut suivie de celle qui soumit la France entière aux visites domiciliaires. ****

Je demande pardon, Sire, à Votre Majesté , de réveiller ici des souvenirs qui appartiennent à des temps qui ne sont plus ; mais si je crois avoir bien mérité de mon pays dans toutes les fonctions qui m'ont été confiées, il m'importe, dans la position où je me trouve, de ne pas taire des détails qui en sont inséparables.

à la barre : j'en fus effrayé, car, entre le Luxembourg et le palais Bourbon, le trajet me parut périlleux. Je montai donc à la tribune, et je discutai sur les formes du mandat d'amener proposé, bien moins dans l'espoir de le régulariser que pour donner au proscrit le temps d'apprendre ce qui se passait : il le sut en effet, et bientôt sa démission mit un terme à ce sinistre débat.

* Loi du 10 messidor an VII.

** Loi du 24.

*** Loi du 22.

**** Loi du 26 thermidor.

Les funestes lois qui se succédaient alors avec tant de rapidité , devaient être complétées par quelque chose de plus effrayant encore : c'était de déclarer la patrie en danger, et d'introduire le pouvoir gouvernant dans le conseil des Cinq-Cents *.

Dans ce péril imminent, je pensai qu'il était plus nécessaire enfin d'agir que de parler. Je ne me dissimulai pas que le président d'un grand corps pouvait souvent ralentir ou précipiter à son gré les résolutions les plus funestes comme les plus salutaires, et je me réunis à quatre de mes collègues pour préparer secrètement les compositions successives des bureaux : nous jetâmes donc les yeux sur tout ce qui nous parut être énergique sans être destructeur, et nos bulletins, ainsi semés, nous donnèrent depuis et toujours des hommes forts et surtout des présidents conservateurs et d'un grand caractère , sans trop savoir pourtant jusqu'où cela nous mènerait.

Cependant, bien nous en prit, car, dès le mois de fructidor, une bourrasque épouvantable voulut enlever de vive force la déclaration que

---

* Je dis dans le conseil des Cinq-Cents, car on y traitait en gérontes les membres résistants du conseil des anciens ; et, en les annulant par la dérision, on nous aurait donné une convention nouvelle, cumulant tous les pouvoirs.

la patrie était en danger. Boulai de la Meurthe, qui était notre président, se couvrit, imposa silence à tous, prit la parole pour lui, et descendit du fauteuil pour occuper la tribune. Jamais, je dois le dire, une éloquence mesurée, convenable et persuasive ne calma plus véritablement les flots qui, tout à l'heure, s'entrechoquaient, et sa belle improvisation, qui dura une demi-heure à peu près, nous sauva, pour cette fois encore, du péril qui toujours nous menaçait.

Autant presque nous en arriva sur la motion d'Honoré de Clerq, qui, sans biaiser, nous proposa nettement de faire entrer dans la chambre le pouvoir de gouverner, pouvoir qui devait être très énergique selon lui, car en nous citant le mot de Cicéron sur les îdes de Mars, il nous prévenait suffisamment que les proscriptions à venir ne s'arrêteraient pas à moitié chemin.

Honoré de Clerq, que je combattis, ne réussit pas encore ce jour-là ; mais la fureur dans les débats était telle alors, que les siens allaient jusqu'à nous fermer l'accès de la tribune *.

Mais, pendant ce temps, les flots nous ra-

---

* « Tu ne monteras pas, ou je te tue, me dit un jour un de ces furieux. — Mon testament est fait, lui répondis-je, et je monte. »

menaient d'Egypte le guerrier qui alors remplissait l'univers de son nom; dans quelques semaines il devait aborder à Fréjus, puis arriver quelques jours après dans la capitale, qui impatiemment l'attendait.

Alors le pouvoir désordonné qui nous poursuivait s'arrêta; il entoura le géant, qu'il flatta pour se l'asservir, mais le géant garda la liberté de ses mouvements, et bientôt on vit de quel côté il voulait marcher.

Je l'avouerai, Sire, à Votre Majesté, je ne voyais rien de pire alors que le retour des excès qui nous menaçaient, et plutôt que de m'y résigner, tout pouvoir qui aurait pu m'en sauver aurait été le mien.

Un bras puissant, un génie prodigieux, une gloire immense, nous apparaissaient en ce moment; c'était beaucoup plus que nous ne pouvions espérer; mais ce qui, selon moi, valait infiniment mieux, c'était le soldat incompatible avec toute idée de restauration, c'était l'homme nécessaire et qui, à moins d'être insensé, ne pouvait s'appuyer que sur le pouvoir qui le créait.

Le 18 brumaire me parut donc un jour sauveur, et si j'en eusse douté, les hommes tout à la fois énergiques et sages que je suivais, m'y eussent fait croire. Daunou, Cabanis, Creuzé de la Touche, Andrieux, et tant d'autres, avaient-ils quelque sagesse? Chenier, Bailleul , Béranger , Chazal , Boulai de la Meuthe , manquaient-ils de tête et d'énergie ? Je ne faillis donc pas , ou au moins je ne crus pas faillir en marchant à leur suite *.

Tels furent , Sire , au 18 brumaire , les sentiments qui me dirigèrent ; le conseil me nomma l'un des membres de la commission intermédiaire chargée de la législation pendant l'ajournement du corps législatif.

Le travail qui me fut confié par cette commission m'était le plus familier : il touchait à la législation criminelle , et je fus chargé de la rédaction de trois lois qui depuis restèrent dans nos codes.

La première autorise une adjonction de jurés et de juges pour suivre les débats dans les procès criminels d'une étendue considérable **.

La deuxième prescrit la manière dont sera faite la reconnaissance d'un individu condamné, évadé et repris ***.

---

* J'avoue pourtant qu'un exemple contraire m'en imposa; c'était celui de M. Dupont de l'Eure : sa probité, son austérité me firent regretter de ne pas le compter parmi nous; mais sans doute son stoïcisme n'avait vu rien de bien effrayant dans tout ce qui nous avait épouvanté.

** Loi du 25 brumaire an VIII.

*** Loi du 22 frimaire an VIII.

Mais la troisième, beaucoup plus importante, fut l'objet d'un travail approfondi.

Il s'agissait, pour la première fois, de noter
dans la législation les peines qui n'étaient pas
proportionnées à la gravité des délits, et l'expérience m'avait appris qu'il y en avait beaucoup qu'on ne punissait point, parce que la
peine marquée par la loi était consciencieuse-
ment trop rigoureuse.

Je savais bien que, dès 1791, on avait dit que
les jurés ne devaient pas se mettre en peine
des conséquences de leurs déclarations ; je
savais qu'on avait ajouté même qu'ils manqueraient à leur premier devoir s'ils en considéraient les suites par rapport à l'accusé ; je
n'ignorais pas et je n'ignore pas encore qu'on
a répété cette formule dans les codes qu'on
nous a donnés depuis.

Mais, quelle que fut et quelle que soit encore la remontrance des juges aux jurés sur ce
point, l'expérience pratique m'avait appris que
les jurés ne divisaient jamais deux choses qui
leur paraissaient inséparables ; elle m'avait dé-
montré qu'ils n'opéraient point par abstraction,
et qu'on leur persuaderait mal que l'excès des
peines qui suit leur déclaration ne doit pas leur
importer.

La peine ne vous regarde pas, leur dit-on,
parce que la loi a fait la part des juges et la

vôtre ; elle vous donne le fait à résoudre , et là se borne votre mission ; quant au droit, vous n'y entendez rien ; les juges sont là pour l'appliquer, et quand ils prononcent, vous devez, comme Pilate, vous en laver les mains.

Je conçois que si le législateur était toujours sûr de faire des lois mesurées et concordantes avec la conscience publique , il y aurait rarement dissidence entre les juges du fait et les juges du droit ; mais, s'il n'en est pas toujours ainsi, la loi l'emportera-t-elle sur la conscience , ou la conscience sur la loi? Voyez celle du sacrilége , et demandez-vous, ou plutôt ne vous demandez pas pourquoi la conscience des jurés l'a toujours éludée ? Quand je ne sais par quel vertige on laisse échapper de pareilles lois , il ne faut pas rester à moitié chemin ; il faut leur donner pour exécuteurs des com-missaires, des prévotés, ou des inquisiteurs, car des jurés ne les remplaceront jamais, même en leur disant solennellement *qu'ils manqueraient à leur premier devoir si, par rapport à l'accusé , ils considéraient les suites que pourraient avoir leur déclaration.* Les consciences ne se prêtent pas à de telles abstractions ; et lorsqu'elles sont chargées d'examiner un fait , elles ne le séparent guère des conséquences qui s'en suivent.

Ce fut donc sur ces idées que je redigeai le

projet de loi qui fut adopté le 25 frimaire an
VII ; j'y classai tous les délits que les jurés
regardaient ordinairement comme minimes ,
et qu'ils laissaient impunis; je les plaçai dans
les attributions de la police correctionnelle ,
et j'en graduai les peines dans la proportion
d'un à quatre , afin que les juges pussent les
étendre ou les restreindre en raison de l'im-
portance matérielle des vols commis , et de
l'immoralité plus ou moins redoutable de leurs
auteurs.

Ces travaux et quelques autres absorbèrent
tout mon temps, et je confiai même l'exposition
des motifs de cette dernière loi à M. Faure,
membre du corps législatif , puis du tribunat,
puis conseiller d'état.

Nommé tribun , je parlai sur la première
loi qui nous fut présentée * ; elle avait pour
objet d'établir les communications qui devaient
exister entre les trois branches du pouvoir législatif; et comme elle me parut admissible ,
je votai pour son adoption ; elle était com-
battue pourtant et fortement , surtout par le
vénérable Daunou , qui nous présidait; mais,
frappé de l'idée qu'un gouvernement naissant
devait être secondé en justice et en conscience
pour lui faire surmonter les contrariétés qu'on

* Séance du 16 nivôse an VIII.

lui préparait, je mis quelque chaleur dans la discussion, et le projet admis, Daunou, qui le combattait, m'en imputa l'adoption.

Je me garderais bien de parler de ce qui s'en suivit, si la position dans laquelle on me place ne me forçait de comparer ce que je pouvais alors pour mon avenir, avec l'abandon qu'on semble maintenant me réserver. Mais je dois dire que si, dans le cours de ma vie, il y eut jamais un moment qui pût me mettre à l'abri des coups du sort, c'était celui-là. Tout dans ce temps était faveurs pour moi ; les Tuileries et la Malmaison m'étaient ouvertes plus souvent que je ne me permettais d'y entrer ; appelé à la table du tout puissant, qui me fit asseoir plus d'une fois à ses côtés, on me crut, et je pouvais me croire alors particulièrement favorisé ; je ne doutais donc pas, je ne doute pas maintenant encore qu'avec un peu de complaisance et quelques discours dans le sens du premier, ma fortune eût été plus rapidement faite que celle du plus grand nombre des aspirants qui se précipitaient à ses pieds ; mais le sentiment de mon devoir, qui ne m'abandonna jamais, ne s'affaiblit pas plus dans cette circonstance que dans nulle autre ; j'ajouterai que les occasions que j'eus alors de voir et d'entendre le héros qui n'était pas toujours discret, me firent craindre que son avenir un jour ne fût pas plus assuré que le nôtre*. Je fus donc, après l'avoir vu de près, un peu plus pensif que je ne l'avais été jusques-là, et je ne vis pour moi d'autre ligne de devoir à suivre que celle de concourir, selon mes faibles moyens, à l'exa-

---

* J'étais loin d'imaginer pourtant qu'il s'appuierait plus tard sur ses ennemis naturels, et qu'il dédaignerait ses véritables soutiens; qu'il poserait, en France, les bases d'un nouveau système féodal, et qu'il tenterait de se faire le suzerain de l'univers. Je n'imaginais pas que sa famille, instrument de ses desseins, fût destinée par lui à peupler les trônes. Sa main était forte, disait-il; et il croyait que les nerfs qui la faisaient mouvoir, au lieu de rompre, se fortifieraient par trois moyens qu'il croyait tout-puissants, le sabre, l'or et le prestige de ce qu'il appelait son étoile, car, pour les puissances morales, il n'y crut jamais : il ne crut qu'à l'intérêt matériel et personnel, sans se douter qu'il y eût dans l'homme une ame et une conscience; et c'est ce qui le perdit : haï comme il devait l'être par ceux qu'il écrasait; la France se détacha de lui, parce qu'elle vit qu'il ne la voulait que pour lui et pour les siens. Si ses soldats, enivrés de l'amour de la gloire, vainquirent long-temps, ils ne résistèrent, à la fin, que pour sauver le pays en proie à l'étranger; mais le cœur français n'idolâtrait plus l'homme du destin; la France s'était retirée de lui comme il s'était retiré d'elle, et il apprit alors qu'un héros, qui s'aliène ses véritables appuis, reste seul avec ses deux bras au jour du danger; il apprit qu'il n'y a pas de génie, si prodigieux qu'il soit, qui puisse seul conquérir et dominer le monde. Le sens commun lui paraissait si petit, qu'il ne s'arrêta pas à l'idée vulgaire qu'il n'y a de force que dans la

men des lois qui nous seraient présentées, puis de les voter ou de les combattre, suivant le degré d'utilité ou de danger que je croirais y trouver.

Ce fut donc ainsi que tantôt je soutins, et que tantôt je combattis les projets du consulat, et surtout ceux qui étaient relatifs aux matières que j'avais le plus étudiées. Ce fut ainsi, par conséquent, que je me trouvai, tantôt plus rapproché, tantôt plus éloigné des Tuileries; mais, heureusement ou malheureusement, les occasions de me tenir éloigné se multiplièrent, parce que les indices et même les actes du pouvoir absolu pénétrant jusque dans les projets de loi, je me trouvai réduit à la nécessité de ne pas les voter, et même à celle de presque toujours les combattre.

Ce qui m'indigna surtout fut l'intention, non dissimulée, de nous ravir l'institution du jury, si incompatible avec le pouvoir absolu; et dans ce dessein il n'y eut pas alors d'épithètes injurieuses

force commune, et de danger que dans l'emploi des auxiliaires ennemis. Il renversa cet ordre, tant son génie était extraordinaire, et sa perte se trouva là. Si la France, ensuite, le revit dans une entreprise aventureuse, elle l'accueillit, il est vrai, parce qu'il la délivrait de quelque chose de pis; mais l'amour intime n'y était plus, et son absence, qui l'accompagnait dans la plaine de Waterloo, y creusa tout à la fois son tombeau et le nôtre.

qu'on ne lui prodiguât; c'était, disait-on, le tribunal des ignorants, des ineptes, des barbares, incapables de prononcer sur ce qu'il y a de plus sacré sur la terre, l'honneur et la vie des citoyens; et comme le mot d'ordre était donné pour l'avilir, on s'écriait : « Voyez ces bourreaux du tribunal révolutionnaire, n'étaient-ils pas des jurés? » Et cette horrible comparaison, ou plutôt cette assimilation infernale, sortit, à notre tribune même, et à deux reprises, de la bouche de deux tribuns qui faisaient l'éloge en même temps des tribunaux spéciaux. Je vis donc nettement où on voulait en venir, et j'improvisai à la tribune quelques mots animés comme le sentiment qui me les inspirait; le Tribunat, qui partagea mon indignation, en ordonna l'impression, et l'ordonna à six exemplaires*.

Mais si le jury parut alors sauvé, il ne tarda

---

* 14 Pluviôse an ix.

J'ai dit dans cette improvisation :

« Je ne reconnais pas de jurés là où des hommes, quels qu'ils soient, s'établissent en permanence pour déclarer si des faits qualifiés délits, sont ou ne sont pas constants; je n'en reconnais pas là où ils ne sont pas désignés par le sort.

« Enfin, je n'en reconnais pas là surtout où les méprises du sort ne sont pas elles-mêmes épurées par les récusations des parties.

« Si les siégeants au tribunal révolutionnaire avaient ces trois caractères, je reconnaîtrais qu'ils étaient des jurés, et

pas à être dénaturé par l'introduction de la magistrature dans son institution. On sait qu'on lui donna le jugement d'accusation, et le droit d'intervenir souvent dans le jury de jugement, en attendant le moment où on se proposait de lui abandonner un jour l'institution entière. Ce régime, qui est encore le régime vivant, ne sera

il ne me resterait plus qu'à concevoir comment, élus par le sort et acceptés pour juges par leurs victimes, ils auraient pu en immoler autant qu'ils l'ont fait.

« Mais s'il est vrai, au contraire, qu'instruments exécrés de proscripteurs atroces, ils n'avaient d'autre mission que celle d'égorger, sur des listes qui leur étaient fournies, les meilleurs comme les plus illustres citoyens, il faudra reconnaître dans leur formation une commission, et une commission d'autant plus épouvantable que les annales du monde n'en offrent pas d'exemple. Quoi ! parce que des bourreaux se sont intitulés jurés, l'institution du jury, la plus humaine, la plus sainte, la plus circonspecte des institutions, serait qualifiée d'homicide et dénoncée comme telle à la France et à l'univers ! »

Et là-dessus, je me rappelle qu'un tribun, qu'on nomme maintenant M. le baron Trouvé, me tirant à l'écart, me dit : « Mais vous n'y pensez pas : des jurés nommés, soit par le choix, soit par le sort, sont toujours des jurés ; les uns et les autres ne diffèrent que par la manière dont on les nomme ; le sort est un mode d'élection, le choix en est un autre, et voilà tout ; mais, au fond, choisis ou non, ils ont les mêmes fonctions à remplir ? »

Je regardai alors M. Trouvé avec des yeux étonnés, et je ne lui répondis rien.

pas éternel, sans doute, si on considère surtout que le jury est appelé à prononcer aujourd'hui sur les délits de la presse, et que, sous ce rapport spécialement, il doit être rendu à sa nature par l'effet d'une prompte révision , et lorsqu'on s'en occupera , on révisera probablement aussi le mode de la formation des jurys, qui, dans le Code d'instruction criminelle, ne fut imaginé

M. Trouvé avait trop d'esprit pour qu'on pût imputer de telles idées à son intelligence, et cependant je ne sais plus qu'en penser, car depuis on l'a choisi pour juré; ce qui prouve qu'on est entré dans ses idées; et si, de mon côté, je n'ai jamais eu l'honneur de l'être, c'est apparemment parce qu'on a pensé que le choix en ma personne serait un mauvais choix.

Je dois remarquer que, pendant long-temps, le pouvoir a choisi les jurés en faisant accroire qu'il donnait la faculté de récuser les suspects; mais cette faculté dérisoire ne le laissait pas moins le maître des jugements, puisque toute liste était faite par ses agents, et qu'elle ne contenait que soixante noms; il pouvait donc dire à ses préfets, dans telle affaire : « Choisissez-moi soixante couleuvres; mettez-les dans un sac, et dites à l'accusé : choisissez, et récusez les suspectes. »

Ce régime, créé par le Code d'instruction criminelle, a duré dix-huit mortelles années, puisqu'il n'a pris fin que le 2 mai 1827, époque à laquelle M. le comte de Peyronnet en voulait un pire ; mais, grâce aux travaux d'un noble pair, du vénérable Siméon , la base des listes fut assez élargie pour leur faire perdre le caractère commissorial qu'elles avaient eues jusque-là.

que pour fatiguer, sans utilité, les jurés en général, et pour leur faire haïr, par conséquent,
une institution sans laquelle pourtant nulle liberté, nulle sécurité ne peut exister.

Je vis donc trop clairement alors que le Gouvernement, si antipathique à l'institution du
jury, ne tarderait pas à se rendre absolu. Je
vis, je sentis avec amertume que désormais je
n'aurais que des projets de loi à combattre,
et ce pressentiment ne tarda pas à se réaliser.
J'avais le bonheur de jouir de quelqu'estime
dans le sein du Tribunat, et il me fit l'honneur
de m'appeler au fauteuil de la présidence, à une
majorité de quatre-vingt-dix voix sur quatre-
vingt-quinze votants. Il me fit l'honneur plus
dangereux de me charger souvent de la défense
de son vote auprès du corps législatif, où j'eus
souvent aussi le bonheur ou le malheur de faire
rejeter plus d'un des projets du pouvoir, moyens
sûrs de hâter la catastrophe qui me menaçait,
et qui éclata par un message qui retirait tous
les projets de lois*.

Selon le message qui retirait tous les projets

---

* J'avais combattu des projets graves que le Corps législatif rejeta; j'avais combattu surtout les premiers projets
du Code civil, dans quelques-unes de leurs dispositions,
parce que ce code devant être un monument de justice
éternelle, devait, selon moi, être perfectionné jusque dans
ses moindres détails. Je votai donc pour ces perfectionne-

de loi, on devait les reproduire quand il y aurait
unité d'intention entre les trois branches du
pouvoir ; et, pour se la procurer, le maître crut
que rien ne serait plus simple que de refaire un
Tribunat, et même un Corps législatif ; et, sur
cette idée, il mit en campagne trois sénateurs,
que je ne nommerai pas*, et qui se chargèrent

ments : le Tribunat les vota, et me joignit à ses orateurs
pour porter son vœu au Corps législatif, qui pensa comme
le Tribunat ; or, ce fut en ce moment que tous les projets
furent retirés, puis reproduits une année plus tard.

Le Code civil, tel que nous l'avons maintenant, est une
œuvre admirable, et il sera le plus beau titre de gloire
du règne de Napoléon ; mais je ne regrette pas d'y avoir
combattu quelques dispositions qu'on a voulu maintenir
depuis ; celle, par exemple, de la dissolution du mariage
des condamnés réputés morts civilement ; car le savant et
lumineux Malleville, qui concourut à ce grand œuvre, et
qui l'a si nettement commenté dans l'analyse raisonnée de
sa discussion, me fortifie encore dans mon opinion première ; il termine, sur ce point, par ces mots remar-
quables :

« Je crois que la disposition maintenant discutée,
méritera un nouvel examen, si jamais on fait la révision
du Code. »

Napoléon lui-même, dans son conseil, se déclara pour
l'opinion que j'adoptai ; ce fut elle pourtant qui combla la
mesure de mes torts.

* Deux sont morts.

de le persuader en détail à chacun de leurs collègues. Il n'y avait qu'une manière de renouveler alors le premier cinquième du Tribunat, c'était de tirer au sort les vingt membres qui devaient en sortir; mais on en trouva un autre, c'était le triage, moyen sûr de mettre en dehors tous les résistants et d'apprendre à ceux qui resteraient qu'autant leur en adviendrait les années suivantes, s'ils n'étaient pas sages.

Après que les trois convertisseurs eurent conquis, en ce sens, une majorité de trente-six sénateurs , un sénatus consulte déclara que le *mode* d'un scrutin *électif* de ceux des membres qui devaient continuer leurs fonctions, était plus *conforme* à la *nature* de ces fonctions, comme si les *élus* qu'on n'expulsait pas avaient eu besoin, pour y rester, d'un nouveau *scrutin électif;* mais, par la tournure de ce marivaudage, on se dispensait de prononcer les noms de ceux qu'on proscrivait. Et en effet, il y en avait de si généralement honorés, qu'on ne pouvait, sans quelque impudeur, les écrire explicitement; on les tut donc, et par cet expédient on sembla dire nous ne vous mettons pas dehors, mais seulement nous vous empêchons d'entrer.

Ainsi on ne vit dans la liste qu'on imprima dans l'acte du Sénat, que les noms de soixante-quinze *élus* qu'on *élisait* une seconde fois ; les vingt proscrits ne figurèrent qu'en papier blanc*.

De cette manière disparurent donc, sans qu'on les prononçât, des noms que le public honore encore de quelque estime, et ce n'est pas sans orgueil que je vois le mien à côté de celui de Daunou, de Chenier, de Benjamin Constant, de Bailleul, de Ginguené, et de tant d'autres parmi lesquels devait se trouver celui du bon, de l'aimable, du spirituel Andrieux, mon ami particulier ; mais un plus coupable que le sien fut noté, et il remplaça celui du poète charmant, du vrai philosophe qui ne fût pas resté debout, si l'élimination eût pu s'étendre jusqu'à vingt-un.

Ainsi écarté par le pouvoir, ou plutôt par les calculs de Bonaparte, qui marchait bien dans ses voies **, j'eus l'idée d'abord de me

---

* Acte du 27 ventôse an x.

** Il a dit, à Saint-Hélène, que cette petite proscription changeait les constitutions de l'état, et, en effet, dès qu'il avait pu faire disparaître à volonté une partie du Tribunat et du Corps législatif, tout ce qu'il daignait ne pas mettre à la porte devait craindre d'avoir son tour, et, de ce moment, il se les appropriait ; il s'assurait de l'unité de leur intention, et son pouvoir, dès ce jour, fut le seul dans l'état ; aussi les preuves ne tardèrent-elles pas à devenir manifestes, car le tribun Curce, le plus sauvage des tribuns, se chargea

fixer à Paris , pour y exercer l'état d'avocat ;
mais bientôt j'eus pour observateurs un vieux
procureur au parlement , et un jeune avocat
aux conseils , qui me chargèrent de quelques
affaires pour avoir occasion de me voir souvent
et de me circonvenir encore mieux ; je pensai
donc que je n'échapperais pas à leurs filets , soit
que je me tusse , soit que je parlasse , et je
fis d'autres réflexions ; venir à Rouen me paraissait naturel , et probablement j'y aurais été
occupé , mais connu , par mon caractère , les
opprimés ne m'auraient pas manqué , et comme
il aurait été odieux de leur refuser mon ministère , j'aurais été bientôt un de ces avocats
factieux à qui , selon l'expression favorite de
Napoléon , il fallait faire passer lestement le gui-
chet ; je pris donc la résolution de me retirer
dans la ville de Neufchâtel, où certainement je ne
manquai pas d'occupation ; mais malheureusement un président vint, qui se familiarisait
trop avec des intérêts qui auraient dû lui rester
étrangers , et qui dès-lors inquiéta ceux qui
avaient des intérêts contraires. Je reçus donc
beaucoup de ces confidences , et je me trouvai
ainsi placé entre mon devoir , qui voulait

bientôt de lui offrir le pouvoir de l'empire, sans-qu'on pût
trouver, dans le Tribunat d'alors, trois tribuns qui fussent
d'avis contraire.

que je l'évinçasse souvent par des récusations,
et mon repos qui me disait assez quelles seraient les suites de mon dévoûment ; mais
l'iniquité m'ayant toujours paru insupportable,
je n'y résistai pas, et je lui fis plus d'une fois
déserter son fauteuil. Il en arriva donc ce qui
devait en arriver ; des tracasseries de tous les
genres me furent suscitées ; elles s'accrurent
par le temps, et elles finirent par lui faire trouver
mes causes entendues avant même qu'elles
fussent proposées ; je me retirai donc, et je
cédai mes fonctions d'avoué que je cumulais,
ce dont j'eus regret quelques années après,
parce que je ne sais quelle épuration vint enlever ce président du siége qu'il avait trop
long-temps occupé, et ce qu'il faut bien noter,
c'est qu'il fut le seul juge du département de
la Seine-Inférieure qu'elle atteignit.

Après une nouvelle fonction que je remplis
depuis, et que je devais à la bienveillance, je
pourrais dire à l'amitié de M. Savoye-Rollin,
mon ancien collègue, qui, bien généreusement
et à mon insçu, l'avait sollicitée et obtenue
pour moi, la restauration vint, et avec elle la
suppression de ma place *.

Mais comme je n'avais rien fait pour la res-

---

* C'était celle de procureur impérial, à Rouen, près le
Tribunal des douanes.

tauration, je ne lui demandai rien *, et je me retirai à la campagne **, où je formai un établissement qui me devint onéreux et que je cédai après dix années d'exploitation.

Dans un autre temps j'y aurais vécu comme peut vivre tout homme retiré qui ne trouble pas les vainqueurs sur leur char de triomphe, mais, si petit que je fusse, je sentis sans relâche que le livre noir était partout ; je sentis les cent mille éclaireurs de la congrégation chargés de ne laisser à ceux qu'ils observent ni la liberté de leur conscience, ni celle de leurs mouvements ; je sentis le poids de l'oppression plus positive de l'administration, où

* M. Pain, procureur du Roi, mourut le 30 octobre 1814, et alors M. le premier président et M. le procureur-général crurent que je pouvais le remplacer ; en conséquence ils me firent l'honneur de me placer spontanément à la tête de leurs listes de présentation : je les en remerciai comme je le devais, mais je ne pus leur dissimuler que, par le temps qui courait, ma docilité ne serait pas toute d'abnégation, et que probablement le pouvoir s'en accommoderait mal, et choisirait mieux. C'est ce qui arriva.

** Comme toute restauration replace l'ennemi au centre, et que la guerre intestine qui en résulte finit par un asservissement national complet, ou, ce qui est bien plus présumable, par une réaction qui le repousse à l'étranger, ce dernier résultat me parut le plus probable, sauf le temps qu'il fallait calculer sur la durée de la protection que ses restaurateurs viendraient ou pourraient lui accorder.

mon nom était à l'index ; grevé toujours par elle, jamais dégrevé, elle étendait à l'occasion sa vindicte sur mes droits politiques ; on me rayait à volonté d'une liste électorale où chaque bulletin pouvait compter pour me reléguer dans un collége où une voix de plus ou de moins n'importait guère; puis de là les rigueurs passant aux miens, on les spoliait en haine de la parenté qui nous unissait ; un sous-préfet intercepta, entr'autres choses, une commission de percepteur qui arrivait à l'un d'eux; il en sollicita la révocation, et ne dormit presque plus jusqu'à ce qu'il l'obtînt ; enfin, il n'y eut pas jusqu'à l'un de mes enfants qui ne fût trouvé indigne d'être capitaine de pompiers, parce qu'on ne pouvait tolérer dans une liste quelconque un nom qui ressemblait au mien. *

* Ce sous-préfet était M. Cartier, qui administra pendant quelque temps l'arrondissement de Neufchâtel; il avait eu le malheur, disait-il, d'être long-temps patriote, et ce *péché*, car il le nommait ainsi quand il fut devenu dévot, voulait, selon lui, une réparation égale à la faute, à la très grande faute dont il s'accusait. Or, il ne trouva rien de mieux, pour en faire pénitence, que de dénoncer, de destituer, de persécuter ceux qui lui avaient, dit-il, trop ressemblé; et, par ce moyen ingénieux, comme on voit, il s'acquitta, envers la ligitimité, aux dépens de ses nouvelles victimes : expédient qui ressemblerait assez à celui d'un débiteur qui acquitterait ses dettes avec la bourse d'autrui.

Tel fut, Sire, le sort que j'éprouvai pendant le cours de notre douce restauration, et Votre Majesté peut juger si je regardai comme un jour de délivrance le jour où les flots en emportèrent les plus grands débris.

J'ose croire, Sire, que depuis quarante ans je fus tout entier aux intérêts de mon pays; j'ose croire que dans aucun temps je n'en ai démérité, et qu'au contraire je lui ai rendu, tant que je l'ai pu, des services que Votre Majesté appréciera; je n'ai pas besoin de lui faire remarquer que mon dévoûment me fit négliger et même sacrifier des intérêts domestiques non moins chers, et qu'il me serait plus difficile de me justifier auprès de mes proches, auprès de ma femme et de mes enfants, qu'il ne me l'est, je crois, de justifier ma vie publique auprès de Votre Majesté.

Parvenu à un âge où les travaux suivis deviennent pénibles, je sens que je vais perdre jusqu'à cette dernière ressource; et j'ose croire, Sire, que la justice de Votre Majesté daignera y suppléer.

Il y a des lois qui promettent des récompenses à ceux qui ont rendu de vrais services à l'état; il y en a qui les étendent à leurs épouses.

Il y en a qui assurent des retraites à ceux qui ont rempli des fonctions ordinaires pendant la durée d'un temps déterminé, et je dois dire, sur ce point, que cette durée s'étendrait pour moi au-delà du plus long terme, si la carrière ne m'eût été fermée par des causes qui, loin de pouvoir m'être reprochées, doivent m'être comptées peut-être pour de plus amples services.

Si la puissance ennemie qui oublie ou qui destitue, pouvait rompre par là le fil des services qu'on a rendus et qu'on peut rendre encore au pays, elle annulerait, au retour même de la puissance aimée, les titres de dévoûment qui, loin en ce cas d'être jamais récompensés, continueraient d'être à toujours de véritables titres de réprobation.

Soit donc que chacune de ces lois de munificence ou de justice puisse m'être appliquée à part, soit qu'en les prenant toutes en considération, je puisse invoquer le bénéfice des unes et des autres, je supplie Votre Majesté, qui daignera se faire rendre compte des faits que j'ai l'honneur de lui exposer, d'apprécier mon dévoûment, mes sacrifices, mes travaux et leur utilité, et de leur accorder enfin le prix que je me permets de solliciter, après les plus longues privations.

THIESSÉ, Avocat,

Ancien Membre du Tribunat.

FIN.